DIE GEBETSFLÖTE

Das Lied der Mutter Erde

Tony Shearer

2. Auflage 2010
der Neuausgabe von 2009.

Die deutsche Erstausgabe erschien 1976.

Copyright © Tony Shearer

Für die deutsche Ausgabe
© NEUE ERDE GmbH

Dieses Buch darf ohne schriftliche Erlaubnis
in keiner Weise oder Form reproduziert werden,
außer angewandt im täglichen Leben.

Titel der amerikanischen Ausgabe:
The Praying Flute

Übersetzung:
Andreas Lentz

Umschlag:
Dragon Design, GB
Illustrationen: Lisa-Maria Graf

Illustrationen im Buch:
Tony Shearer, außer S. 37, 38, 41 und 65: Lisa-Maria Graf

Satz: Dragon Design, GB
Gesetzt aus der Minion

Gesamtherstellung: Legoprint, Lavis

Printed in Italy

ISBN 978-3-89060-139-7

Neue Erde GmbH
Cecilienstr. 29 · 66111 Saarbrücken · Deutschland · Planet Erde
info@neue-erde.de

DIE GEBETSFLÖTE ist eine das Herz anrührende und inspirierende Geschichte, die ein hoffnungsvolles Licht auf die Beziehung von Mensch und Erde wirft – in einer Zeit, wo die Umwelt tödlich bedroht ist. Folgen Sie »Kleinem Mädchen« hinab ins Reich der »Kleinen Leute«, den Hütern der Mutter Erde, wo sie lernt, »mit dem Herzen zu denken«. Sie ist zur Trägerin ihrer heiligen weißen Flöte erkoren, die die Macht hat, die Erdgeister jedes Mal zu erwecken, wenn sie das »Lied der Mutter Erde« betet.

Kleines Mädchen wächst heran und wird als Flötenfrau bekannt. Mit der Zeit, da der Planet immer mehr vergiftet wird, der Lärm und die Verschmutzung der »Zivilisation« zunimmt, kann die Flöte sich nicht mehr durchsetzen, und die Natur beginnt abzusterben. Zum Glück bringt Quill, ein kleiner Erdgeist, Flötenfrau gerade noch rechtzeitig dazu, ihr Lied wieder zu beten, wodurch die Mutter Erde sich wieder erholen und das uralte Gleichgewicht wieder hergestellt werden kann.

Quill

Für
Dena

Einleitung

Ein »Baum« ist tausend Worte wert ... und der Baum auf dem Bild noch viel mehr. Das Foto zeigt einen der größten Bäume der Welt. Hast du nie von ihm gehört? Die meisten Menschen sind überrascht zu hören, daß dieser uralte Baum mit den ältesten Völkern Amerikas zusammen in einem Tal lebte. Er ist mein Freund. Eigentlich könnte man diesen Baum den »Baum der beiden Amerikas« nennen oder vielleicht ... »Baum der Welt«. Jetzt aber nennen wir ihn »Nationalbaum der Republik Mexiko«. Es handelt sich um eine Montezuma-Zypresse, manche sagen, sie sei zweitausend, andere sagen sechstausend Jahre alt. Ich denke, niemand weiß es genau. Aber eines ist sicher ... der herrliche Baum auf dem Bild oben inspiriert mich. Und das seit 35 Jahren. Dieses Prachtexemplar steht in einem armseligen Kirchhof in Santa Maria del Tule, Oaxaca, Mexiko. Dieser Baum war die Inspiration zu der Geschichte, die du gleich lesen kannst. Er hat mich inspiriert, so wie tausend andere Dichter vor mir.

Zwischen den Wurzeln dieses Baumes habe ich gelernt, mit meiner Flöte zu »beten«, für meine Mutter, die Erde, zu beten. Und für die Kinder, die die Erwachsenen von morgen sind. Aus den Gebeten zu Füßen dieses Baumes ist die Geschichte der Gebetsflöte entstanden, dort wurde sie geboren. Als ich die erste Ausgabe geschrieben und illustriert hatte, wurde sie veröffentlicht, und ich nahm die Geschichte mit in die Welt hinaus. In einem ganz wörtlichen Sinn ging ich den Weg der Gebetsflöte. Meine Flöte und ich reisten durch die Welt und beteten das Lied der Erdmutter für jeden, der es hören wollte. Die Geschichte und die Bilder sind das Ergebnis meiner Gebete mit dem Baum. Und wegen der poetischen Gerechtigkeit, die in dieser Geschichte liegt, betrachte ich den großen Baum von Santa Maria del Tule als den ältesten »lebenden Schrein« der Welt. Die Kinder auf dem Bild sind die Bewahrer und Beschützer aller Bäume und heiligen Haine.

Ich halte dieses Buch für mein bestes Werk, auch in spiritueller Hinsicht. Die hundert Bilder auf diesen Seiten bedeuten die Erde für mich. Die Flöte dieser Geschichte hat ihre Entsprechung in meiner eigenen Lebensgeschichte, in meiner alten Lakota-Flöte. Bitte denke daran, wenn du diese Geschichte liest, … sie ist eine Liebesgeschichte vom größten Baum der Erde. Und wir hoffen, daß sie dich erfreut und du sie liebst.

Ich mußte mir über viele wichtige Fragen Gedanken machen, bevor ich anfing zu schreiben. Die erste Frage war, wo sollte die Geschichte spielen … vielleicht in Mexiko, im Tal von Oaxaca? Sollte die Hauptperson ein Junge oder ein Mädchen sein? Und vielleicht die wichtigste Frage, wie sollte die Geschichte enden? Die Antworten auf meine Fragen fand ich in einem kleinen Buch von Black Elk, einem heiligen Mann der Lakota. Das Buch heißt »Die Heilige Pfeife«. Es handelt von den sieben heiligen Riten, die seinem Volk, den Oglala Sioux, von der heiligen Weiße Büffelkuh-Frau gegeben wurden. Dieses Buch ist für jeden wichtig, der die alten Traditionen der Lakota (Sioux) genau kennenlernen möchte. Das Buch beschreibt, wie Heilige Frau zu den Menschen kam und ihnen die Riten als spirituelle Regeln gab, um ihnen zu helfen. Sie war die Überbringerin der ersten Heiligen Pfeife, sie lehrte das Bewahren der Seelen, die Riten der Reinigung, die Visionssuche, den Sonnentanz, die verwandtschaftliche Bindung, die Vorbereitung der Mädchen auf das Frausein … und das Werfen des Balls. Im siebenten Ritus habe ich die Hauptperson für meine Geschichte gefunden.

Voller Respekt und Stolz zitiere ich die Worte von Black Elk, die ich auf den letzten Seiten seines Buches gefunden habe.

Dann berührte oder rauchte jeder Anwesende die heilige Pfeife, und wer das Glück hatte, den heiligen Ball zu fangen, erhielt Pferde oder Gewänder aus Büffelhaut als Geschenk. Das ganze Volk feierte, und alle waren glücklich, denn was Weiße Büffelkuh-Frau zu Beginn versprochen hatte, ist in Erfüllung gegangen.

Ich, Black Elk, erkläre dir jetzt einige Dinge dieses heiligen Ritus, die du vielleicht nicht verstehst. Erstens, ein kleines Mädchen, nicht eine ältere Person, steht in der Mitte und wirft den Ball. Genau so soll es sein, denn Wakan Tanka ist immer und ewig jung und rein wie das kleine Mädchen, das gerade erst von Wakan Tanka gekommen ist, rein und ohne Düsternis. Wie der Ball von der Mitte in die vier Richtungen geworfen wird, so wird Wakan Tanka von der Mitte in die vier Richtungen geworfen, so ist Wakan Tanka in jeder Richtung und überall in der Welt. So wie der Ball auf die Menschen niedergeht, so geht seine Kraft nieder, die nur von wenigen empfangen wird, besonders in diesen letzten Tagen.

Als ich erkannt hatte, daß Kleines Mädchen diejenige ist, die in der Mitte steht, war es leicht, ihr die Gebetsflöte der Erdmutter in die Hände zu legen. Als ich die Geschichte dann zu Papier brachte, war ich mir sicher, daß ich mich richtig entschieden hatte. Wenn du Black Elks Buch liest … wirst du mir zustimmen.

Es gibt dieses Buch auch als Hörbuch-CD, die über den Buchhandel oder direkt beim Verlag bezogen werden kann. Viel Spaß und gute Eingebungen beim Lesen (oder Hören) wünschen der Verfasser und der Verlag.

Tony Shearer

An den Leser

Als ich ein Kind war, wurde ich von einem sehr weisen Mann unterrichtet. Ich lernte, daß die Erde unsere Mutter ist und der Himmel unser Vater. Dieser sehr weise Lehrer lehrte mich, daß Indianer sein bedeutet, daß ich für das Wohlergehen der Mutter Erde verantwortlich bin. Er lehrte mich auch, daß ich das Bild des Mannes und der Frau bewahren muß. Er erklärte, wenn Mann und Frau sich jemals in einer anderen als der heiligen Weise begegnen, dann würde die Erde diese Art der Annäherung widerspiegeln, und dann würde sie so verderbt und böse wie der Pfad, den wir füreinander gewählt haben.

Unnötig zu sagen, mein Lehrer hatte recht. Ich erkannte oft, daß er selten, wenn überhaupt, falsch lag.

Hier nun, in diesem Buch, ist der erste Ausdruck von etwas, das – so bete ich – zu einer großen Mutter-Erde-Bewegung erblühen wird. Ich bin überzeugt, daß der einzige Weg zurück zum »Heiligen Pfad« durch die Herzen unserer Kinder führt. Und ich bete zu Gott, daß es noch nicht zu spät ist.

Mit besonderer Sorgfalt habe ich jede einzelne Seite gezeichnet; und es wird dir vielleicht Freude machen, die Bilder auszumalen. Wenn du das tust, wirst du entdecken, welche kleinen Späße und merkwürdigen Geheimnisse und Zauberformeln ich in den Zeichnungen versteckt habe.

Wenn dir das Buch Freude bereitet – und ich hoffe wahrlich, daß es das tut –, laß etwas von dir hören; schicke uns eine Karte mit deinem Namen und deiner Adresse, und wir werden dir Informationen über weitere Mutter-Erde-Projekte zusenden.

Jetzt lehne dich zurück – entspanne dich! Vertreibe die Schatten von Furcht und Zweifel aus deiner Seele. Stelle dir vor, du sitzt an einem klaren, rauschenden Fluß; die Vögel singen, das Wasser plätschert über die Steine und ein Eichhörnchen keckert auf dem Ast eines uralten Baumes … Jetzt … blättere um, und die Geschichte beginnt.

»Großvater«

Der alte Quanab war ein Indianer. Er war der älteste Mensch, den ich jemals kennengelernt habe. Niemand wußte mit Sicherheit zu sagen, wie alt er wirklich war, aber nach seinen Geschichten zu urteilen, lebte er schon, als die wilden Büffel noch auf den großen Ebenen waren.

Sein Zuhause war ein Tipi, das in einem kleinen Espenhain am westlichen Hang des Kahlenberges aufgestellt war. (Er nannte ihn »Geisterberg«.) Ein winziger Springquell sprudelte genau unterhalb seines Lagers aus dem Boden. Uns war er als Zauberquell bekannt. (Er nannte ihn »Pockwatchie-Quelle«.) Es war das einzige Trinkwasser der Gegend, kalt und klar wie ein Kristall.

Wanderer nahmen gern den Weg über den Kahlenberg. Und sie verwandten einen ganzen Morgen darauf, zum Lager des alten Quanab zu gelangen. Sie brachten ihm Fleisch und Erdbeeren mit, backten ihm einen Kuchen oder kamen mit einigen gebratenen Hähnchen und Kartoffelsalat in der Hoffnung, im Tausch für das Mahl eine seiner Geschichten vom Geisterberg zu hören zu bekommen.

Wenn sie Glück hatten und der alte Mann nicht zum Kräutersammeln am klaren Fluß oder zum Fischen im Biberbach war, brachten sie ihn vielleicht dazu, ihnen eine Geschichte zu erzählen.

Ich wußte es immer, wenn er eine seiner Geschichten spinnen wollte. Er stopfte seine Pfeife, braute eine Tasse pechschwarzen

Kaffees und schlenderte zu seinem Erinnerungsbaum, einer alten toten Espe, an die er sein Schild und seine Flöte hängte. Auch Medizin- und Tabakbeutel hängte er daran. Er setzte sich am Baum nieder, zündete seine Pfeife an und wartete, bis wir es uns alle bequem gemacht hatten. Dann begann er, immer auf dieselbe Weise:

»Dies ist die Geschichte von einem Ort ...«

Die Leute saßen stundenlang und lauschten den Geschichten, die der alte Quanab erzählte. Sie hatten diesen alten Mann gern, und er bedeutete ihnen viel. Er war friedliebend aber stark, er arbeitete hart, liebte aber die Rast in der freien Natur; es beglückte ihn, etwas von den geistigen Erkenntnissen anderer zu erfahren, solange man nicht versuchte, ihm eine Überzeugung aufzudrängen; er war ehrlich und freundlich, schnell bereit, einem Bedürftigen zu helfen und nicht zu stolz, eine Gefälligkeit oder ein Geschenk anzunehmen.

Die anderen Leute nannten ihn alle Quanab. Wir nannten ihn Großvater und das mit Stolz. Ich liebte den Alten aus mehr Gründen, als ich jemals sagen kann, doch aus heutiger Sicht waren wohl seine Geschichten vom Geisterberg der wichtigste Grund. Sie sind die deutlichsten Erinnerungen, die sich an »Großvater« und seine Erinnerungen knüpfen.

»Großvater« erzählte mir, daß vor langer Zeit, ehe die weißen Leute in unser Land kamen, sogar noch bevor das indianische Volk geschaffen wurde, dieses Land vom Kleinen Volk bewohnt wurde: Pockawatchies und Tlaloques. Er sagte, dieses Kleine Volk habe überall in unserem Lande in vollkommenem Frieden gelebt. Dieses Volk war nur daumengroß, und doch waren diese kleinen Kerle sehr mächtig. In jenen alten Tagen lebten sie in den Baumwipfeln, wo sie die Sterne kennenlernen und die Phasen des Mondes zählen konnten.

Er sagte, das Kleine Volk habe ein gutes Leben gehabt und sie hätten sich gut miteinander vertragen. Dann tauchten eines Tages einige große Leute auf. Diese Leute waren nicht so groß wie du und ich, sie waren zwei Fuß hoch und hießen Chanikies. Die Chanikies und das Kleine Volk kamen gut miteinander aus. Sie hielten ihre Fest- und Fastentage gemeinsam ab und gingen sogar zusammen in die Schwitzhütte. Untereinander zu heiraten kam nicht infrage, aber sie konnten sich gegenseitig helfen und das Leben erleichtern, und sie taten gerne alles Mögliche zusammen.

Als die Riesen auftauchten, begann für das Kleine Volk und die Chanikies eine harte Zeit. Die Riesen waren die heutigen Indianer. Nur wenige Indianer erinnern sich noch an die schrecklichen

Schlachten, die sie mit den Chanikies führten, oder an die Schwierigkeiten, die das Kleine Volk hatte, mit den Riesen Freundschaft zu schließen.

Eines Abends stopfte Großvater seine Pfeife und füllte seine Kaffeetasse. Ich wußte, was geschehen würde, und so lief ich zum Erinnerungsbaum. Ich setzte mich an einen alten Baumstumpf gelehnt und wartete. Nach einer Weile kam Großvater herbei und setzte sich nieder. Er blickte nach Westen zum Felsengebirge hinüber. Die Sonne war gerade untergegangen.

»Dies wird eine Nachtgeschichte«, sagte er.

Dann begann er …

Kleines Mädchen

Dies ist eine Geschichte
von einem Ort weit im Osten;
weit jenseits des Sacramento,
jenseits des Colorado und
des Rio Grande;
jenseits des breiten Missouri,
noch jenseits des Mississippi
und des Ohio.
Über den Monongahela
und den Allegheny-Fluß
zu einem Ort namens Tawasentha:
    »Stilles und grünes Tal«.
In Tawasentha gab es ein indianisches Dorf.

In diesem indianischen Dorf
lebten viele Menschen.
Eine von diesem Volke hieß:
    »Kleines Mädchen«.
Es tut nichts zur Sache, wie ihr Name war;
wir nennen sie einfach »Kleines Mädchen«.
Kleines Mädchen liebte es, ganz allein
in die Wälder hinauszugehen.
Ihre Mutter sagte immer zu ihr:
    »Du kannst in den Wald hinausgehen,
    aber bleibe auf deinem Weg und
    gehe nicht zu weit fort. Die Wälder
    in dieser Gegend sind dunkel und tief,
    und man kann sich leicht verirren.«
Kleines Mädchen wurde mit ihrem Weg vertraut.
Sie lernte ihn sehr gut kennen:
wie er die Wiese durchquerte,
wie er an den Beerensträuchern hinführte
und in den tiefen dunklen Wald ging.
Wie die alten Bäume sich über den Pfad neigten.

Wie das Licht der Sonne
durch die dunklen Schatten spielte.
Sie lernte die Blumen kennen,
die Stimmen der Vögel
und das Keckern des Eichhörnchens.
Aber vor allem entdeckte sie, wo ihr Pfad endete:
An einem großen, uralten Baum.
Kleines Mädchen ging nie weiter
als bis zu diesem Baum.
Sie ging nur so weit.
Dort saß sie dann,
beobachtete die Vögel und ruhte sich aus.
Der alte Baum machte sie glücklich,
hier fühlte sie sich wohl.

Eines Tages ging Kleines Mädchen hinaus
zu ihrem Freund, dem alten Baum.
Dort saß sie auf einem alten Holzklotz
im Schatten des großen Baumes,
schaute einem Falter zu,
lauschte einem singenden Vogel.
Plötzlich erschien etwas
drüben im Gras.
Nur ein Aufblitzen war's, dann war es fort.
    »Was war das?« fragte sie sich.
Da erschien unvermittelt etwas
auf dem Holzklotz,
nur »schwupp«, und es war da.
Sie guckte … es war ein kleiner Mann,
nur so groß wie ein Daumen,
mit einem alten runzligen Gesicht.
Sie schaute ihn an,
und er schaute sie an.
    »Wer bist …«
Doch ehe sie ihre Frage beendet hatte,
war er fort wie ein Windstoß.
Sie sah hier hin
und dort hin.
Nirgends konnte sie ihn erblicken.
Eben da hörte sie eine feine Stimme, die rief:
    »Schau her!«
Sie schaute nach oben, und da war er,
saß auf einem Ast genau über ihrem Kopf.
Es war derselbe kleine alte Mann, vielleicht
so groß wie ein Daumen.

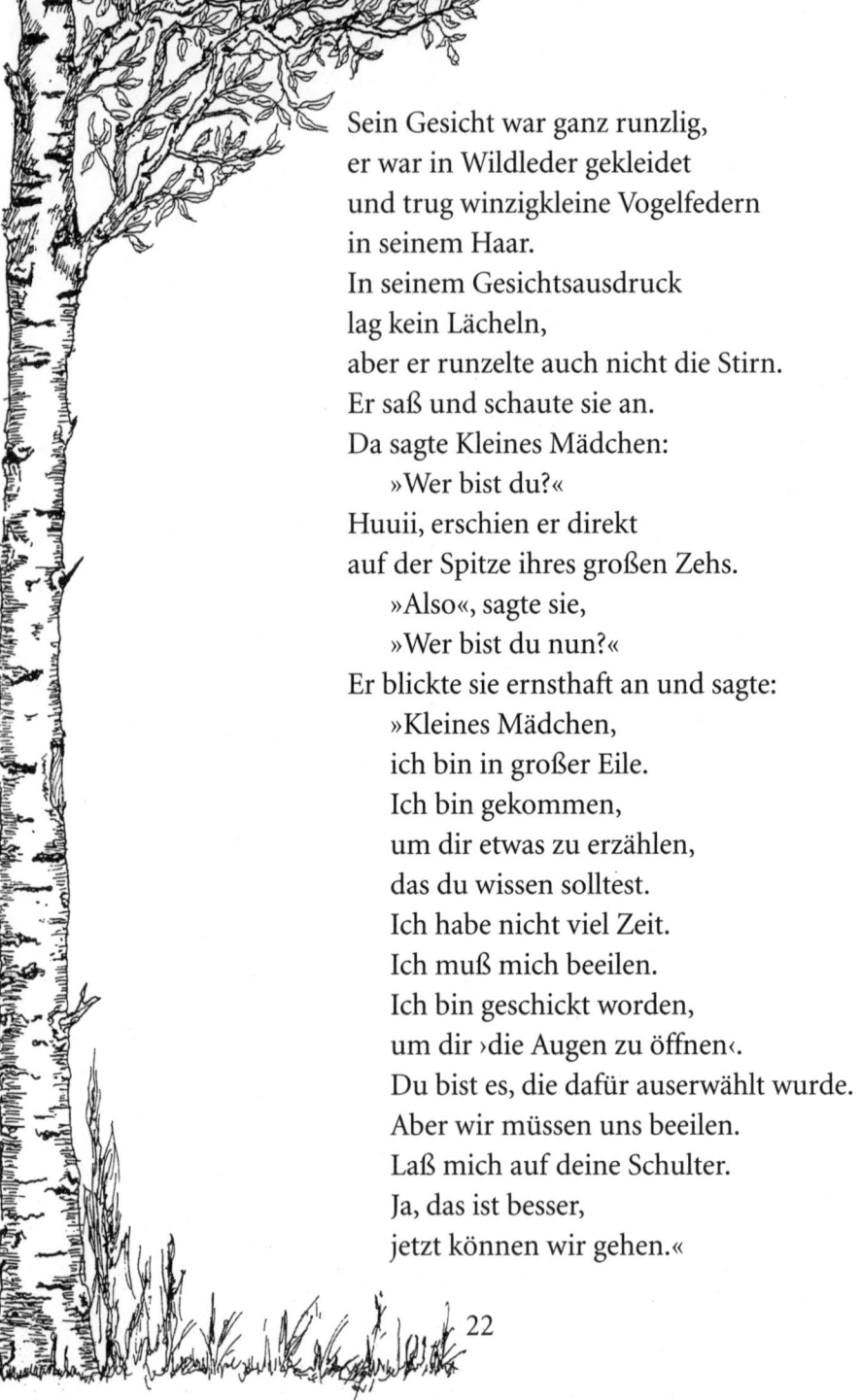

Sein Gesicht war ganz runzlig,
er war in Wildleder gekleidet
und trug winzigkleine Vogelfedern
in seinem Haar.
In seinem Gesichtsausdruck
lag kein Lächeln,
aber er runzelte auch nicht die Stirn.
Er saß und schaute sie an.
Da sagte Kleines Mädchen:
    »Wer bist du?«
Huuii, erschien er direkt
auf der Spitze ihres großen Zehs.
    »Also«, sagte sie,
    »Wer bist du nun?«
Er blickte sie ernsthaft an und sagte:
    »Kleines Mädchen,
    ich bin in großer Eile.
    Ich bin gekommen,
    um dir etwas zu erzählen,
    das du wissen solltest.
    Ich habe nicht viel Zeit.
    Ich muß mich beeilen.
    Ich bin geschickt worden,
    um dir ›die Augen zu öffnen‹.
    Du bist es, die dafür auserwählt wurde.
    Aber wir müssen uns beeilen.
    Laß mich auf deine Schulter.
    Ja, das ist besser,
    jetzt können wir gehen.«

Auf ihren Schultern saß der kleine Mann
und Kleines Mädchens Augen
waren groß wie Silbertaler.
Sie sagte:
»Also gut, was werden wir tun?
Wo wollen wir hingehen?«
»Paß auf«, sagte er.
»Du gehst wie ich sage,
und alles wird gut. –
Siehst du dort drüben?«
»Ja.«
»Das ist eine Blütenstaude,
eine Schlüsselblume.
Da geh hin!«
»Ja, gut.«
Sie stand auf und ging
zu der Schlüsselblume hin.
»Jetzt«, sagte er, »sieh dort hin.
Siehst du da drüben?
Siehst du den großen alten Felsen?«
»Ja«, sagte sie, »den sehe ich.«
»Nun, dann geh schon.
Wir müssen uns beeilen.
Ich habe nicht viel Zeit.
Ich bin in großer Eile
und kann hier nicht so lange
mit dir reden.
Ich habe viel zu erledigen,
viele Dinge zu tun, also beeil dich.«

23

So schnell wie sie konnte,
ging Kleines Mädchen zu dem großen Felsen.
Als sie dort anlangte, sagte der kleine Mann:
»Jetzt geh drumherum, und du wirst
etwas sehen ... siehst du dort?
Da ist der Fluß. Wir müssen ihn
überqueren. Sei vorsichtig,
sonst trittst du ins Wasser.«
Aber natürlich patschte sie genau
in das Wasser.
»Mach das nicht nochmal!
Du bekommst nasse Füße,
und wir gehen an einen Ort,
wo man sie nicht wieder
trocken bekommt.
Sei achtsam und steige
auf den Hügel«, sagte er.
So schnell sie konnte
stieg sie den Hügel hinauf.
Als sie oben ankam, sah sie unten
auf der anderen Seite
im grauen Fels ein dunkles Loch:
Ganz dunkel und feucht war die Höhle,
und Moos und Farn wuchsen vor dem Eingang.
Langsam stieg sie zur Öffnung
der Höhle hinunter und schaute
in das dunkle Loch.
»Gehen wir da hinein?« fragte sie.

24

»Ja, Kleines Mädchen«, sagte er.
»Wir gehen in diese dunkle Höhle hinab.
Du mußt jetzt deinen Kopf abschalten
und anfangen, mit dem Herzen zu denken.
Wir gehen sehr tief in diese Höhle hinab,
und es gibt dort unten kein Licht.
Wenn du versuchst, mit deinem Kopf zu gehen,
wirst du niemals
den ganzen Weg schaffen.
Du mußt mit deinem Herzen gehen.«
»Was ist dort unten?« fragte sie.
»Jetzt hör mal zu«, sagte er.

25

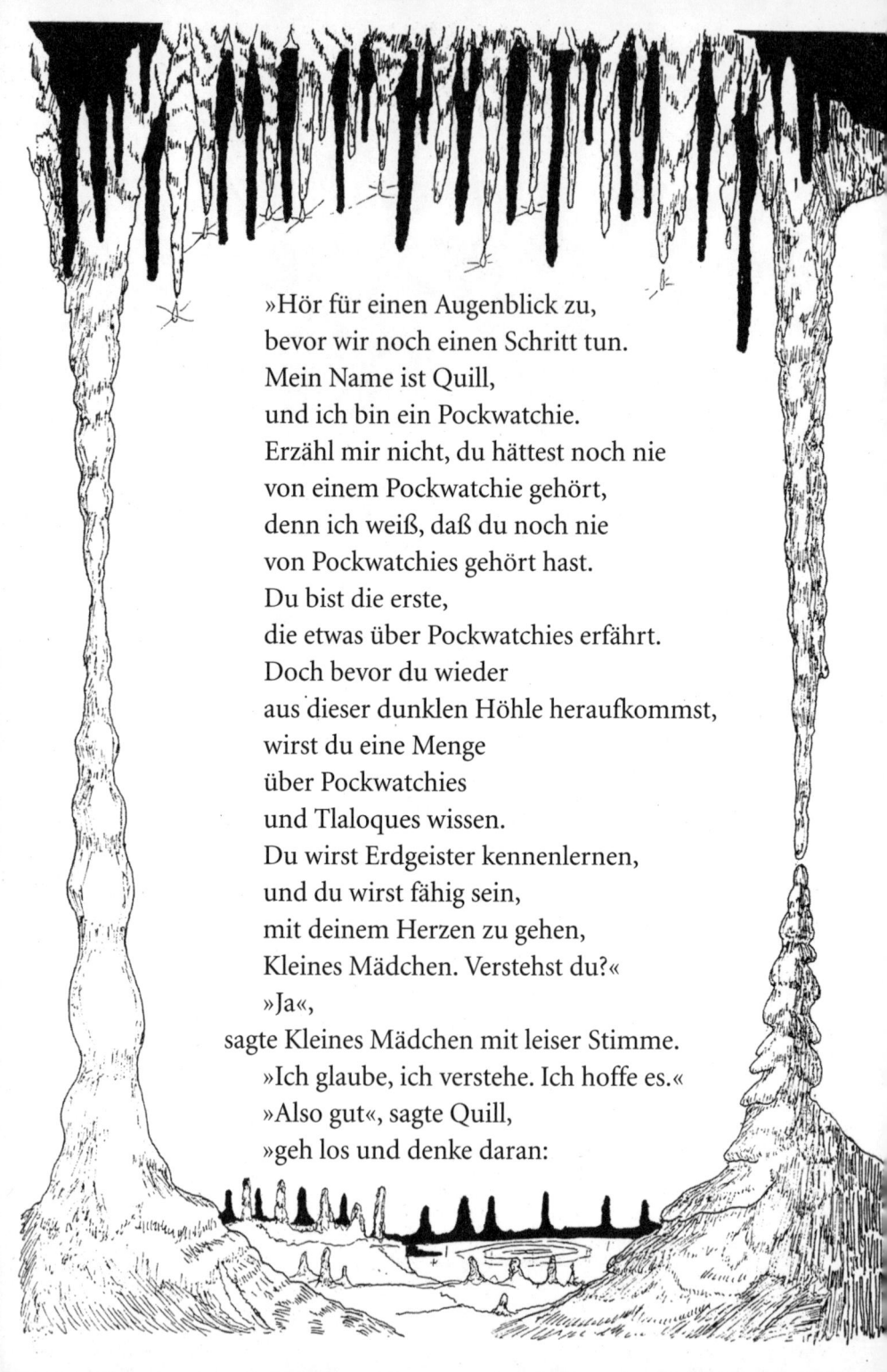

»Hör für einen Augenblick zu,
bevor wir noch einen Schritt tun.
Mein Name ist Quill,
und ich bin ein Pockwatchie.
Erzähl mir nicht, du hättest noch nie
von einem Pockwatchie gehört,
denn ich weiß, daß du noch nie
von Pockwatchies gehört hast.
Du bist die erste,
die etwas über Pockwatchies erfährt.
Doch bevor du wieder
aus dieser dunklen Höhle heraufkommst,
wirst du eine Menge
über Pockwatchies
und Tlaloques wissen.
Du wirst Erdgeister kennenlernen,
und du wirst fähig sein,
mit deinem Herzen zu gehen,
Kleines Mädchen. Verstehst du?«
»Ja«,
sagte Kleines Mädchen mit leiser Stimme.
»Ich glaube, ich verstehe. Ich hoffe es.«
»Also gut«, sagte Quill,
»geh los und denke daran:

Versuche nicht, mit deinem Kopf zu gehen.
Geh mit deinem Herzen,
und du wirst viel leichter
durch diese Dunkelheit gelangen.«
Sie gingen in die finstere Höhle hinunter.
Wie sie gingen, wurde es dunkler und dunkler.
Die Höhle roch nach Neugeborenem,
es war feucht und warm und sehr gut.
Als kleines Mädchen immer weiterging,
lernte sie mit ihrem Herzen zu gehen,
und es war überhaupt nicht zum Fürchten.
Ab und zu hörte sie die feine Stimme
etwas sagen, das ihr Mut machte:
    »Du machst es wirklich gut, Kleines Mädchen.«

27

Nach einer langen Wanderung durch die Dunkelheit
kamen sie um eine Biegung,
und Kleines Mädchen konnte Licht sehen.
Es war Feuerschein,
der die Felswände der Höhle erhellte.
Dann betraten sie auf einmal
einen riesigen Raum mit einer hohen Decke
und Wänden, die hoch über ihre Köpfe ragten.
Ein großes Ratsfeuer brannte.
Als sie sich im Raum umsah,
gewahrte sie auf jedem Vorsprung
und jedem Felsen kleine Leute.

Sie waren von verschiedener Farbe:
Es gab blaue und grüne,
weiße und schwarze,
braune, orangene, rote und purpurne.
Es gab die verschiedensten Arten:
dick und mager, groß und klein.
Einige hatten Haare und andere keine,
einige trugen Schuhe und andere Stiefel,
einige waren in Leder
und andere in Federn gekleidet;
aber sie waren alle da, überall.
Als Kleines Mädchen sie alle sah,
bekam sie es mit der Angst zu tun.
Sie sagte:
    »Quill, Quill!«
Quill sagte:
    »Fürchte dich jetzt nicht,
    erinnere dich, denke mit deinem Herzen.«
    »Es müssen tausende von ihnen sein,«
sagte sie.
    »Oh ja«, sagte Quill, »das sind sogar mehr.
    Sie spielen ihre Spiele
    und halten ihre Tänze und
    Zeremonien ab, und all sowas.«
Kleines Mädchen konnte
ihre kleinen Trommeln hören,
auf denen sie ihre kleinen Lieder spielten.
Sie sah sie ihre kleinen Tänze
um ihre kleinen Feuer herum vollführen.
Einige hatten sich zurückgelehnt
und führten kleine Gespräche miteinander.

29

Sie lachten über ihre kleinen Späße
und spielten kleine Spiele.
Du kannst dir nicht vorstellen,
wie viele kleinen Spiele Pockwatchies
und Tlaloques spielen können.
Kleines Mädchen entspannte sich und sagte:
    »Quill, wer sind die?«
Er sagte:
    »Nun, wie ich schon sagte,
    das sind Pockwatchies und Tlaloques.
    Jetzt hör gut zu, denn ich bin in Eile.
    Ich erzähle es dir nur einmal,
    und du mußt es dir merken.
    Ich spreche schnell, also hör gut zu.
    Siehst du diese grünen?«
»Ja.«
    »Die grünen sind Pockwatchies.
    Sie sind die Hüter des Grases;
    und die großen Grünen sind Baumhüter.
    Siehst du die blauen dort drüben?«
»Ja.«
    »Das sind Tlaloques, Wasserbewahrer.
    Die blauen sind die Wächter
    von Quellen und kleinen Bächen,
    aber nicht von großen Flüssen.
    Siehst du die purpurnen?
    Das sind die Hüter der großen Ströme. –
    Siehst du die braunen?«
»Ja.«
    »Das sind auch Pockwatchies.

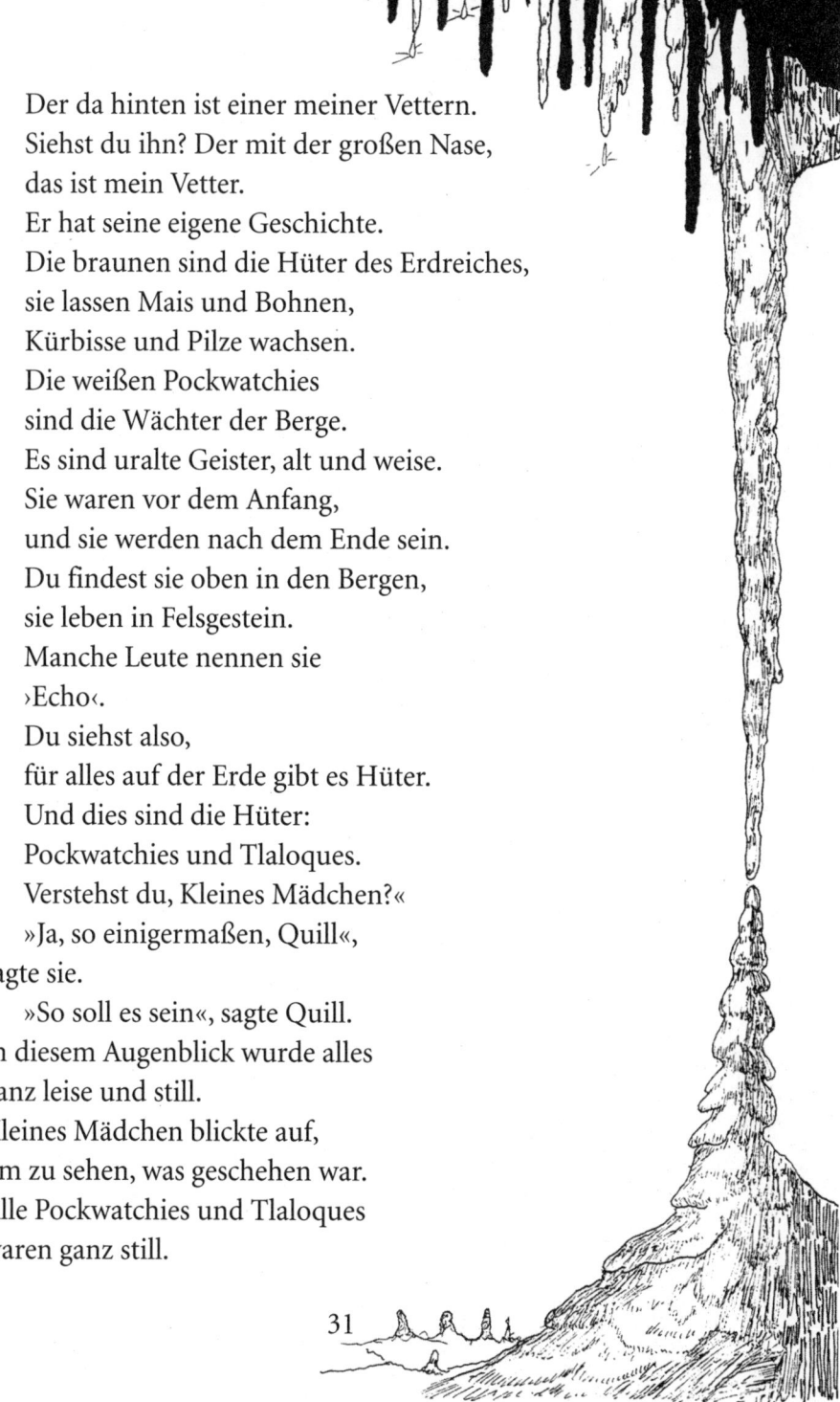

Der da hinten ist einer meiner Vettern.
Siehst du ihn? Der mit der großen Nase,
das ist mein Vetter.
Er hat seine eigene Geschichte.
Die braunen sind die Hüter des Erdreiches,
sie lassen Mais und Bohnen,
Kürbisse und Pilze wachsen.
Die weißen Pockwatchies
sind die Wächter der Berge.
Es sind uralte Geister, alt und weise.
Sie waren vor dem Anfang,
und sie werden nach dem Ende sein.
Du findest sie oben in den Bergen,
sie leben in Felsgestein.
Manche Leute nennen sie
›Echo‹.
Du siehst also,
für alles auf der Erde gibt es Hüter.
Und dies sind die Hüter:
Pockwatchies und Tlaloques.
Verstehst du, Kleines Mädchen?«
»Ja, so einigermaßen, Quill«,
sagte sie.
»So soll es sein«, sagte Quill.
In diesem Augenblick wurde alles
ganz leise und still.
Kleines Mädchen blickte auf,
um zu sehen, was geschehen war.
Alle Pockwatchies und Tlaloques
waren ganz still.

31

Sie schauten auf eine schmale Öffnung
in der Höhlenwand.
Ein strahlendes Licht strömte aus dem Spalt.
Kleines Mädchen hörte fast auf zu atmen.
Dann sagte sie:
»Quill!«
»Psst«, flüsterte Quill,
»sage kein Wort, der Häuptling kommt!«
Aus dem Spalt in der Wand kam ein kleiner Mann.
Er sah sehr ehrwürdig und weise aus.
Er leuchtete in einem fremdartigen,
zauberhaften Licht.
Seine Haut war der ihren sehr ähnlich.
Es war so eine Art … eine Art rot.
Sein Haar war vollkommen schwarz
und zu Zöpfen geflochten.
Er trug einen großartigen Federschmuck,
sein Wildlederanzug war schneeweiß
und mit *schwarzen* und *roten* Perlen bestickt.
Als er auf sie zukam, ging sie in die Knie,
um ihm näherzukommen.
Da befahl ihr ihr Herz,
ihre Hand auszustrecken.
Sie tat, wie ihr Herz sie geheißen,
er schritt auf ihre Hand und sie stand auf.
So stand sie in der Höhle
und hielt einen kleinen Pockwatchie
in ihrer Hand.
Kleines Mädchen musterte ihn vorsichtig.

Obwohl er so winzig war,
schien er doch sehr machtvoll
und sehr groß zu sein.
　　»Wie heißt du?« fragte sie.
Seine Stimme war sehr sanft, als er sprach.
Es war beruhigend, ihm zuzuhören.
Er lächelte freundlich und antwortete:
　　»Ich heiße Altim Elut
　　und du bist Kleines Mädchen.«
　　»Ja«, sagte sie.
　　»Weißt du, daß du für eine
　　sehr wichtige Aufgabe
　　auserkoren bist?« fragte er.
　　»Ja, Quill hat es mir erzählt«, sagte sie.
Altim Elut hob seine Hand
und zeigte ihr eine winzige Flöte.

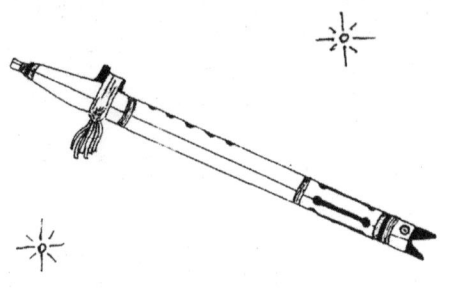

»Dies ist eine Flöte, Kleines Mädchen.
Wenn du aus der Höhle herauskommst,
wirst du eine weiße Flöte
auf dem Boden liegen sehen.
Sie soll für immer dir gehören.«
»Ich danke sehr«, sagte Kleines Mädchen.
»Gern geschehen, denn wir sind glücklich,
daß du auserwählt wurdest«, sagte er.
»Es kostete uns eine lange,
lange Zeit, deine Flöte zu machen.
Ihre Stimme ist so wundervoll,
und ihr Geist ist ganz rein.«
»Aber ich weiß nicht,
wie man auf einer Flöte spielt«,
sagte Kleines Mädchen.
　　»Deine Flöte ist nicht zum Spielen
　　sie ist eine ›Gebetsflöte‹«,
sagte Altim Elut.
　　»Du mußt ihre Macht und ihren
　　Zweck verstehen.
Wenn du auf deiner Flöte betest,
rufst du die Hüter der Mutter Erde,
rufst du die Pockwatchies
und Tlaloques. – Mit anderen Worten,

34

du sprichst zu den Bäumen und Flüssen,
zu den Blumen und zu den Samen
der ›Ungeborenen‹.«
»Das ist sehr schön«,
sagte Kleines Mädchen,
»aber ich kenne gar keine Melodie.«
»Dann hör zu«, sagte Altim Elut, »hör zu.«
Mit diesen Worten nahm er die Flöte
zum Mund und blies.

»DAS LIED DER MUTTER ERDE«

Die Musik erhob sich wie ein Zauber
und erfüllte die dunkle Höhle
mit einem entzückenden Gesang.
Der Klang war so süß, daß Tränen
in Kleines Mädchens Augen traten.
Als Altim Elut sein Lied beendet hatte,
lächelte er und sagte:
    »Das ist das
    ›Lied der Mutter Erde‹.
    Es ist das älteste Lied der ganzen Welt.«
    »Es war so schön«,
sagte Kleines Mädchen,
    »Ich hoffe, ich kann es behalten.«
    »Du wirst es behalten«,
lächelte Altim Elut,

»In einem oder zwei Monden
wirst du es beten
wie ein alter Meister.«
Dann erzählte Altim Elut Kleinem Mädchen
von den Geistern der Blumen und Schmetterlinge.
Er erzählte ihr von den Kakteen und Lilien,
und daß sie sich danach sehnen,
von den Menschen geliebt zu werden.
Er erzählte ihr, daß die Mutter Erde
die wahre Mutter aller Lebewesen ist.
Altim Elut erzählte Kleinem Mädchen
von der Erschaffung aller Dinge
und wie am Anfang,
lange bevor der Mensch geschaffen war,
der Große Geist das Kleine Volk geschaffen
und es zum Hüter der Mutter Erde
bestimmt hatte.
    »Blumen und Bäume«, sagte er,
    »können nicht sprechen, aber sie
    haben Herzen und Seelen
    genau wie du
    und genau wie ich.
    Sie können deine Liebe fühlen,
    die Botschaft deines Herzens hören.
    Und wir,
    die Hüter,
    wurden geschaffen,
    um alle Wesen
    an ihre Verwandtschaft zu erinnern
    und damit sie niemals,

niemals
die Mutter Erde vergessen.
Sie ist ein lebendiges Wesen,
sehr, sehr wichtig
in der großen Schöpfung
des Großen Geistes.
Verstehst du,
Kleines Mädchen?«
»Einigermaßen.
Ja, ich verstehe
mit meinem Herzen.
Ihr beschützt die Erde,
die Mutter Erde und alle Wesen,
die auf ihr leben.«
»Das ist im Augenblick gut genug«,
sprach Altim Elut.
»Komm hier herüber,
zu dieser großen Felswand.
Geh zu dem Spalt,
den du dort drüben siehst.
Jetzt sieh in den Spalt,« sprach Altim Elut.
Kleines Mädchen beugte sich hinunter
und schaute in den Spalt in der Höhlenwand.
Sie sah eine herrliche Welt.
Sie sah alle möglichen wunderschönen Dinge.
Sie sah ihr Tal Tawasentha
und ihr Volk; und alle waren glücklich,
alle lebten im Einklang.
Sie drehte sich um und sagte
mit einem hellen Lächeln:

»Das ist wunderschön.
Wie ist das möglich?«
»Kümmere dich nicht darum,
wie es geschieht«, sagte er.
»Es gibt viele Dinge,
die du niemals verstehen wirst,
aber sie geschehen so oder so.
Gefiel dir, was du gesehen hast?«
»Oh ja, ich sah
all die guten Dinge.«
»Sehr gut«, sagte Altim Elut.
»Jetzt komm hier herüber.
Siehst du diesen Spalt?«
»Ja«, sagte sie.
»Ich möchte, daß du in diesen Spalt
hineinschaust«, sprach Altim Elut.

Kleines Mädchen beugte sich schnell hinunter,
um in den Spalt zu schauen.
Aber als sie hineinsah,
sprang sie entsetzt zurück.
»Das ist ja schrecklich!« rief sie.
»Ja, ja, das ist ganz furchtbar.
Es tut mir leid,
daß du es sehen mußtest.
So würde die Welt aussehen,
wenn es keinen Geist gäbe.«
»Ich möchte das niemals
wieder sehen«, sagte sie.
»Nein, *das* würde niemand gerne
sehen wollen –
besonders wenn man weiß,
wie es sein sollte«, sprach er.

Dann bat Altim Elut Kleines Mädchen,
ihn an der Öffnung niederzusetzen,
aus der er gekommen war.
Er sagte:
»Du hast die beiden Spalten
in der Wand gesehen.
Du kennst den Unterschied.
Du bist die einzige,
die ihn kennt.
Bete auf der Flöte,
wenn du jemandem begegnest,
der uns noch nicht kennt,
und wir werden kommen
und ihn erkennen lassen.
Jetzt verlasse ich dich.
Deine Flöte ist sehr wichtig.
Deine Aufgabe
wird äußerst schwierig sein.
Vergiß nicht,
mit dem Herzen zu denken.
Viel Glück und auf Wiedersehen.«
Altim Elut lächelte, drehte sich um
und entschwand in dem schmalen Spalt
in der großen Felswand.
Sein leuchtendes Licht verlor sich langsam.
Nicht ein Laut kam von den Pockwatchies.
Nicht ein Laut kam von den Tlaloques.
Sie blieben ganz still und lächelten
Kleinem Mädchen freundlich zu.
Dann erschien Quill neben ihr.

»Es ist an der Zeit loszugehen!« sagte er.
Kleines Mädchen winkte
den kleinen Leuten zum Abschied,
und alle kleinen Leute
winkten ihr zum Abschied.
Sie setzte Quill auf ihre Schulter,
und die beiden wanderten aufwärts
durch die lange Finsternis,
bis sie das strahlende Licht
der glücklichen Sonne sahen.
Da sagte Quill:
    »Ich war in Eile
    seit ich dich traf.
    Denn ich bin
    immer in Eile.
    Nun möchte ich,
    daß du alles behältst,
    das du heute gehört
    und gesehen hast.
    Jedes Wort ist wichtig.
    Willst du das tun?«
    »Ja, das will ich«, sagte Kleines Mädchen.
    »Gut«, sagte Quill.
    »Jetzt sieh dort.«
Sie guckte – und da lag vor der Höhle
auf dem Boden
eine reine weiße Flöte.
    »Oh, das ist meine Flöte!« rief sie aus.
Als sie sich umsah,
    war Quill verschwunden.

Flötenfrau

Kleines Mädchen nahm die Flöte
und machte sich auf den Weg in ihr Dorf.
Sie ging über den Bach zurück –
diesmal trat sie nicht ins Wasser.
Sie ging am großen Felsen
und an den Schlüsselblumen vorbei
zurück zu ihrem Freund, dem Baum.
Dort hielt sie einen Augenblick inne;
dieser uralte Baum
sah jetzt noch älter aus.
Dann folgte sie ihrem Pfad
durch den dunklen Wald hinunter,
an den Beerensträuchern entlang,
über die Wiese und nach hause.

Als sie dort ankam, sagte sie:
»Mutter, heute …«
Sie erzählte der Mutter die ganze Geschichte.
Ihre Mutter lachte und sagte:
»Oh, das ist sehr schön,
Kleines Mädchen.
Es ist wundervoll,
eine so starke Vorstellungsgabe zu besitzen.
Aber in Wirklichkeit gibt es doch
das Kleine Volk gar nicht, nicht wahr?«
Aber als ihre Mutter
die süße Stimme der Flöte hörte,
begann sie,
ihre Meinung zu ändern
… ein wenig.
Kleines Mädchen fand
einen kleinen Hügel,
der das Tal von
Tawasentha überragte.
Jeden Morgen
und jeden Abend
stand sie oben
auf dem Hügel
und betete auf ihrer Flöte.

Sie betete nach dem Osten.
Sie betete nach dem Westen.
Manchmal betete sie auch
nach dem Norden und dem Süden.
Wenn sie auf ihrer Flöte betete,
dachte sie immer
an ihren kleinen alten Quill
und an die Dinge,
die Altim Elut ihr
an jenem verzauberten Tag
unten in der dunklen Höhle
erzählt hatte.
Eines Tages kam ein alter Mann
ins Lager gerannt.
Er war ganz aufgeregt.
    »Wißt ihr, was ich gerade
    gesehen habe?« fragte er.
    »Unten am Fluß
    sah ich einen Geist,
    einen Flußgeist.
    Es war ein kleiner Kerl,
    ungefähr so groß wie mein Daumen.

Er war purpurn.«
Da sagten die Leute:
    »Hast du schon gehört? –
    Der Fluß hat einen Geist.«
Kleines Mädchen betete weiter;
am Morgen
und am Abend.
Und wie es kommen mußte,
kamen kurz darauf
zwei Frauen ins Lager:
    »Wir haben einen Baumgeist gesehen«,
        sagte die eine.
            »Und einen Grasgeist«,
        sagte die andere Frau.
            »Und dieser Baumgeist hat
            zu mir gesprochen«,
        sagte die erste Frau.

46

»Zu mir sprach er zuerst«,
sagte die andere Frau.
 »Er sagte, Bäume haben einen Geist
 und das Gras hat einen Geist …«
Kleines Mädchen sagte nichts,
sie betete nur auf ihrer Flöte
und dachte bei sich:
 »Oh, sie tun es,
 sie tun es *wirklich*!«
Bald hatten alle Leute erkannt,
daß die Erde einen Geist hat
und daß alle Wesen,
Bäume, Gräser, Flüsse, Blumen,
Berge, Seen, Quellen,
Hirsche, Frösche,
Erdhörnchen, Eichhörnchen,
Bären, Hunde und Katzen
und all die anderen Wesen in der
ganzen Welt,
im ganzen Kosmos
einen Geist haben
und
miteinander verwandt sind.
Die Zeit verging, und Kleines Mädchen
wurde erwachsen und eine Frau.
Sie heiratete
und hatte Kinder.

Aber vor allem betete sie weiter auf ihrer Flöte.
Jeden Morgen war sie draußen
auf ihrem kleinen Hügel,
der das Tal von Tawasentha überblickte.
Jeden Abend war sie draußen
und betete auf ihrer Pockwatchie-Flöte.
Die Flöte hatte eine zauberhafte Stimme,
und ein klarer Geist war in ihrer Musik.
Man nannte sie nun nicht mehr Kleines Mädchen.
Sie hieß jetzt Flötenfrau.
Alle kannten sie;
jeder Stamm des indianischen Volkes
hatte von ihr gehört.
Wenn sie sie in der Dämmerung
auf dem kleinen Hügel sahen,
hatten sie ein gutes Gefühl, denn sie wußten,
daß sie nun gleich
das »Lied der Mutter Erde«
hören würden.
Und es war ihnen allen
klar geworden,
was das bedeutete.

Alte Flötenfrau

»Welche Farbe haben Berggeister?«
fragte ein Mann.
»Weiß«, sagte ein anderer Mann.
»Wie groß sind Berggeister?«
fragte der Mann.
»Ungefähr einen Daumen groß,
vielleicht etwas größer«, sagte der andere.
»Ah ja«, sagte der erste, »da ist gerade
eine ganze Ladung riesiger Berggeister
drüben am Felsen von Plymouth gelandet.«
»Riesige Berggeister?«
»Ja, riesige Berggeister.«
»Aber wie riesig?«
»So groß wie du, vielleicht etwas größer.«
»Wo sind die denn hergekommen?«
»Aus dem Meer, sie kamen geradewegs
aus dem Wasser des Ozeans.«
»Da stimmt etwas nicht«,
sagte einer der Häuptlinge.
»Wir gehen lieber mal hin
und sehen nach, was das zu bedeuten hat.
Ich habe noch nie von riesigen Berggeistern gehört,
die aus dem Meer emporsteigen.«
Also ging eine Schar Indianer
zum Felsen von Plymouth, um herauszufinden,
was los sei.
Sie waren eine Weile fort.

Dann kam eine Nachricht
nach Tawasentha ...

»WEISSE MENSCHEN«

Weiße Menschen kamen vom Osten
in großen Schiffen mit großen Segeln.
Sie landeten an der Meeresküste.
Sie bauten Häuser.
Das war die Geschichte, die die Leute
in Tawasentha hörten.
Zuerst wußten sie nicht,
welchen Reim sie sich darauf machen sollten.
Die Leute waren begierig,
weitere Nachrichten zu hören.
Sie hörten, daß die weißen Menschen Bärte hätten;
jedenfalls die Männer.

Sie hörten, diese weißen Leute
hätten alle möglichen Dinge,
von denen die Indianer nie gehört hatten.
Sie hätten Äxte und Sägen,
Nägel und Hämmer, Gewehre und Glas;
ja, sie hätten sogar Glasperlen.
Diese Glasperlen interessierten
die Leute von Tawasentha besonders.
Deshalb, es war so im Herbst,
packten sie ein Bündel
mit Truthähnen und Mais,
Kürbissen und Bohnen,
Melonen und Preiselbeeren,
und sie sagten:

»Laßt uns alle zum Felsen
von Plymouth gehen
und den ›Mutter-Erde-Tag‹
mit diesen weißen Leuten feiern.«
»Das ist eine gute Idee«, sagte eine Frau.
»Ich möchte diese Männer
mit Haaren im Gesicht mal sehen.«
»Ich auch«, sagte eine andere Frau,
»und vielleicht können wir
etwas Mais gegen
ein paar Glasperlen eintauschen.«
Der Häuptling dachte,
er könnte eine Axt oder einen Hammer
und einige Nägel bekommen.
So geschah es.

Alle Indianer gingen
zu den weißen Leuten
am Felsen von Plymouth.
Als die weißen Leute all die Indianer
kommen sahen, gingen sie ihnen entgegen.
Der weiße Mann sagte:
»Es ist gut, euch zu sehen, Leute.
Wir dachten schon,
ihr würdet gar nicht mehr kommen.«
»Nun«, sagte der Häuptling,
»wir waren den ganzen Sommer über beschäftigt:
die Felder bestellen
und Wild jagen und all das.«
Der weiße Mann sagte:
»Kommt herein und setzt euch,
ihr seid willkommen.
Wollt ihr … meine Glasperlen sehen?«
Der Häuptling sagte:
»Wir sind gekommen, um den ›Mutter-Erde-Tag‹
mit euch zu feiern.
Wir haben eine Menge Truthähne mitgebracht,
auch Mais und Kürbisse und andere Dinge.
Wir dachten, ihr würdet gerne unsere Gaben
mit uns teilen.
Welche Farbe haben eure … Glasperlen?«
»Was ist der ›Mutter-Erde-Tag‹?«
fragte der weiße Mann.
Da erzählte eine der Indianerfrauen
ihnen von den Geistern der Mutter Erde,
erzählte ihnen vom Geist des Landes,

und wie der Große Geist das Volk
für seine Arbeit auf den Feldern
mit der Gabe der Ernte belohnt.
Eine der weißen Frauen sagte:
  »Das ist Dank sagen.«
Jemand anderes sagte:
  »Wir wollen diesen Tag
  ›Erntedankfest‹ nennen.«
So geschah es.
Der Häuptling kehrte mit einem Hammer
und einigen Nägeln zurück.
Seine Frau kehrte mit einem ganzen Beutel
schöner Glasperlen zurück.
Das war die Geschichte, wie Flötenfrau sie hörte.
Dann hörte sie, daß Indianer
zum Felsen von Plymouth gingen
und Häuser bauten.
Es kamen mehr Leute über das Meer,
und sie bauten auch Häuser.
Zuerst bauten sie, na, ungefähr zehn Häuser.
Dann bauten sie zwölf oder dreizehn Häuser.
Endlich hörten sie auf, Häuser zu bauen,
und sie bauten ein großes Gebäude.
Dann bauten sie andere große Gebäude.
Dann rissen sie einige Häuser ab
und bauten mehr Gebäude.
Immer mehr Gebäude wurden gebaut.
Flötenfrau hörte von all dem.
Sie hörte von den Gebäuden, die gebaut wurden.
Die Gebäude kamen überall hin.

Sie wurden gebaut von
roten Menschen,
schwarzen Menschen,
weißen Menschen
und braunen Menschen.
Dann sind gelbe Menschen gekommen,
und sie bauten auch.
Einige Leute gruben in der Erde
und holten Mineralien heraus
und Öl und alle möglichen Sachen.
Dann begannen sie, Fabriken zu bauen;
die Fabriken wurden entlang der Flüsse gebaut.
Dann bauten sie Brücken über die Flüsse,
und überall kamen Häuser hin,
überall, wo du es dir nur vorstellen kannst.
Es wurden mehr und mehr Häuser.
Flötenfrau wurde älter und älter.
Die Häuser wurden größer und größer.
Die Fabriken und großen Gebäude wurden immer mehr.
Eines Tages stand Flötenfrau auf
und schaute nach Osten hinüber –
es gab nichts als Häuser überall
und große Gebäude.
Die Hügel waren ganz mit Häusern übersät,
damit die Leute darin leben;
und Fabriken, damit die Leute darin arbeiten.
Es gab Brücken über die Flüsse.
Und es gab Zäune;
Zäune, um Dinge drinnen zu halten.
Die Zäune liefen überall hin.

Straßen und Autobahnen
gab es überall im Land.
Flötenfrau stieg auf den Gipfel des Indianerberges.
Dort hob sie ihre Flöte und betete.
Aber es war so ein Dröhnen in der Luft,
solche starken Schwingungen,
daß sie die süße Stimme kaum hören konnte.

»Spiel nicht so früh am Morgen
auf deiner Flöte.
Man muß ausschlafen können,
nicht wahr?« sagte so ein Kerl.
»Spiel deine Flöte nicht am Abend,
es stört mich beim Fernsehen«,
sagte ein anderer.
»Warum nimmst du deine Flöte
nicht hinaus aufs Land?
Spiel sie da draußen,
wo es niemanden stört.«

So hing die Flöte an der Wand,
manchmal tagelang, manchmal wochenlang.
Eines Tages, als Flötenfrau zum Beten gehen wollte,
war etwas Merkwürdiges geschehen:
Eine kleine, schwarz-rote Spinne
hatte sich ein Netz über das Mundstück
der Flöte gesponnen
und am anderen Ende ein Nest gebaut.
Flötenfrau war nun
Alte Flötenfrau,
und sie wollte diese kleine Spinne
nicht stören.
So sagte sie nur:
>>Ich glaube, die Spinne kann die Flöte
besser gebrauchen
als irgend jemand sonst.<<
Außerdem hatte sie seit langem
keine Spinne mehr gesehen.
Nachts konnte sie die Lichter der Stadt
hell leuchten sehen.
Sie konnte die Motoren der Autos hören,
die die Straße entlangkamen,
und Lastwagen, die da und dort hin fuhren.
All diese Dinge waren da, und manchmal
konnte man kaum den Sonnenaufgang sehen,
weil so furchtbar viel Rauch in der Luft war.
Niemand schien sich dessen bewußt zu sein
oder sich darum zu sorgen.
Niemand schien zu wissen,
daß alle Wesen im Kosmos

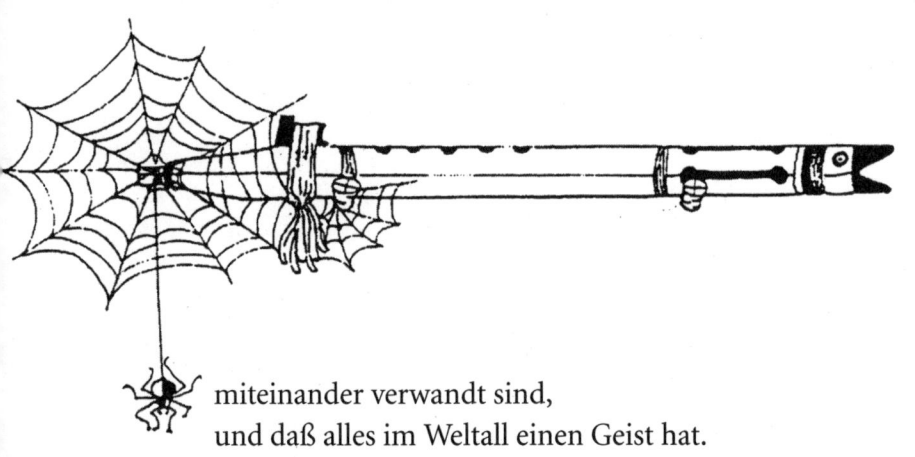

miteinander verwandt sind,
und daß alles im Weltall einen Geist hat.
Es war am »Mutter-Erde-Tag«, Erntedankfest.

>Ich hab' gehört,
Alte Flötenfrau sei gestorben.
Du nicht auch?«
fragte jemand.

>Nein, ich habe nichts davon gehört.
Aber sie ist sehr alt geworden.
Ich habe die Flöte seit langer,
langer Zeit
nicht mehr gehört.
Vielleicht ging sie und starb«,
sagte ein anderer.

>Sie war eine gute alte Frau,
aber sie hatte zu viele
altmodische Gedanken im Kopf.
Sie sprach immer
von Pockwatchies und diesen
   >anderen< Dingen«.
Und
so sagte man,
Alte Flötenfrau sei tot …

Uralte Flötenfrau

Die Bäume waren abgeholzt.
Wo einst der dunkle Wald gestanden hatte,
waren jetzt Städte;
wo einst Felder gewesen waren,
standen jetzt Fabriken.
Entlang der Flüsse
standen die Fabriken.
In den Städten waren Fabriken.
Manche Kinder konnten nicht einmal
die Sterne sehen.
Da begannen im ganzen Land
die Menschen
solche Sachen zu sagen wie:
    »Hust, hust.
    Wir können in den Städten
    nicht mehr richtig atmen.«

»Weißt du, wir haben Probleme
mit der Trinkwasserversorgung.«
Es wurde schlimmer und schlimmer,
und es wurde immer noch schlimmer,
falls du dir das vorstellen kannst.
Überall fragten sich die Leute,
was mit der Erde geschah.
Manche Leute sagten:
>»Wir müssen etwas tun für das Land,
laßt uns eine Versammlung einberufen.
Wir müssen etwas für das Wasser tun,
laßt uns noch eine Konferenz abhalten.
Wir müssen etwas für die Luft tun.«
Nun, sie kamen zusammen
und sahen sich das Land an.
Sie fragten einen Bauern:
>»Warum wächst dort
auf dem Feld kein Mais?«
Der Bauer sagte:
>»Der Mais wächst dort nicht,
weil das Wasser für den Mais
nicht gut genug ist.
Deshalb wachsen nur Unkräuter dort,
aber auch die wachsen nicht
besonders gut.«
Ein anderer fragte:
>»Und warum wächst dort kein Weizen?«
Der Bauer sagte:
>»Der Weizen wächst dort nicht,
weil der Boden verseucht ist.«

Da sagten die Leute:
  »Ja, so ist das überall im Land.«
Dr. Toningworm war ein Wissenschaftler,
und eines Tages kam er zum Fluß.
Er zog ein paar Gummihandschuhe
und Gummistiefel an.
Er watete in den Fluß hinaus.
Er öffnete ein Reagenzglas
und entnahm dem Fluß Wasser.
Dann ging er zu seinem Labor
an der Universität zurück,
öffnete das Reagenzglas,
tat einen Tropfen auf eine Glasscheibe
und steckte die Glasscheibe
unter das Elektronenmikroskop.
Er schaute durch die Röhre
und studierte das Wasser ein paar Minuten lang.
Dann schaute er auf und sah den Studenten an,
der ihm am Tisch gegenüberstand.
Dr. Toningworm sagte:
  »Der Fluß ist tot.«

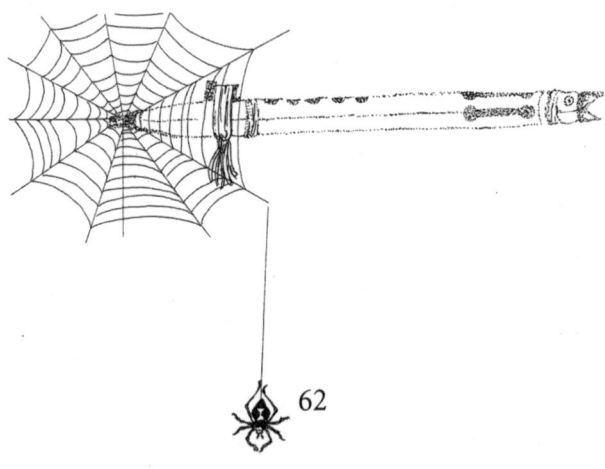

Der Student fragte:

»Der Fluß ist tot?«

Der Student ging hinaus und erzählte:

»Der Fluß ist tot.«

Der nächste erzählte es weiter:

»Der Fluß ist tot.«

Sehr bald bekam die Zeitung Wind von der Geschichte, und sie brachte die Schlagzeile:

»DER FLUSS IST TOT«

Die Leute hielten sich vom toten Fluß fern und sagten:

»Was ist mit dem Fluß bloß geschehen?«

Dann wurden große Schilder aufgestellt.

»Haltet euch vom toten Fluß fern, er ist gesundheitsschädlich.«

Man durfte mit dem Wasser nicht einmal
in Berührung kommen.
Nichts lebte mehr,
der Geist war fort.
Dann bemerkte man, daß die Bäume –
große Bäume, die am Ufer standen –
einer nach dem anderen umfielen.
Sie krachten nachts einfach zu Boden –
mit großem Lärm,
der den Menschen Furcht einflößte.

Die Bäume fielen um,
und die Leute standen herum und guckten.
Und sie sagten:
>>Was ist bloß mit den Bäumen los?<<
>>Oh, die Bäume können das schlechte Wasser
auch nicht vertragen. Sie trinken das Wasser,
und dann fallen sie um.<<
Es wuchs auch kein Gras mehr
am Fluß.
Nichts wuchs mehr in der Nähe des Flusses;
die Leute mieden ihn.
Sie zogen fort.
Es häuften sich Dinge an:
Abfall entlang der Flüsse,
entlang der Autobahnen und unter den Brücken.
An den Zäunen hingen Papierfetzen
und andere Dinge.
Es sah schrecklich aus.

Abfalleimer wurden in den Straßen ausgekippt,
und das Wasser floß in den toten Fluß.
Sogar die Quellen in den hohen Bergen
starben.
Oben in den Bergen war die Luft so dick
und so vergiftet,
daß die Bäume nicht mehr atmen konnten.
 »Weißt du, es gibt eine alte Frau,
 eine alte Indianerfrau,
 die lebt da draußen …
 irgendwo bei dem merkwürdigen Berg.
 Den ›Alten Indianerberg‹ nennen sie ihn.
 Sie hat eine Flöte. Man sagt,
 daß sie, wenn sie auf der Flöte spielt,
 die Erde wieder zum Leben erwecken kann,
 und auch die Flüsse und die Bäume.«
 »Das ist ein altes Indianermärchen«,
sagte ein Mann.
 »Es ist nicht wahr.«
 »Doch, wahr ist es«, sagte jemand,
 »aber die Frau ist tot. Ich hab gehört,
 daß sie ging und starb.«
 »Aber vielleicht ist sie gar nicht
 gestorben«, sagte ein anderer.
 »Sie hat eine uralte Flöte
 mit einer süßen Stimme, wie ich hörte«,
sagte ein Mann.
 »Nein, das glauben wir nicht«,
sagte jemand.
Dr. Toningworm sagte:

»Wir täten aber besser daran, es zu glauben.
      Laßt uns die alte Frau suchen!«
Also gingen sie
und suchten Alte Flötenfrau …
Sie gingen von Haus zu Haus
und fragten überall:

      »Hey, bist du ein Indianer?«
Und man antwortete ihnen:
      »Ja, ich bin ein Indianer.«
      »Hast du eine Flöte?«
      »Nein, ich habe eine Trommel,
      aber keine Flöte.
      Ich weiß von einer alten Frau,
      sie lebt drüben am Indianerberg,
      und sie hat eine Flöte.«
Dr. Toningworm sagte:
      »Komm mit uns.
      Wir müssen die alte Frau finden.«

So gingen sie zu jedem Haus entlang der Flüsse
und hinauf in die Berge und suchten
nach Uralter Flötenfrau.
Schließlich kamen sie an ein altes Haus.
Sie klopften an die Türe,
und ein uralter Indianer kam heraus.
Sein Haar war zu Zöpfen geflochten,
und er trug einen Federkopfschmuck
so, wie in den alten Zeiten.
Dr. Toningworm sagte:
  »Alter Mann, hast du eine Flöte?
  Kennst du die alte Frau,
    die eine Flöte hat und darauf spielt?«
Der alte Indianer sagte:
  »Ich möchte nicht mit euch sprechen.«
Da sagten sie:
  »Aber alter Mann, warum denn nicht?
  Siehst du denn nicht, daß wir
      die alte Frau finden müssen?«
Er sagte:
  »Ich möchte nicht mit euch sprechen.«
  »Aber alter Mann ...« sagten sie.
Da wurde der alte Mann zornig. Er sagte:
  »Schert euch fort von meiner Tür, verschwindet!
  Schert euch fort von meiner Tür, ich möchte
  nicht mit euch sprechen!«
  »Aber warum ist der alte Mann so böse?«
Dr. Toningworm sagte:
  »Tja, vielleicht weil wir seinen Fluß
    getötet haben.«

Sie gingen weiter, und sehr bald sahen sie
dort, wo einst
die Schlüsselblumen blühten,
wo der alte Felsen stand
und wo Quill einst
Kleines Mädchen gefunden hatte,
jenen merkwürdigen Berg.
Dort gingen sie nun hinauf; es war der
INDIANERBERG.
Am Fuße des Berges war ein kleines, altes Haus.
Sie klopften an die Türe,
aber eine Weile lang war nichts zu hören.
Dann öffnete sich die Tür.

Es war Kleines Mädchen.
Sie war jetzt Uralte Flötenfrau.
Ihr Gesicht war ganz runzlig,
und ihr Haar war ganz grau geworden.
Auch ihre Hände hatten Falten.
Aber ihre Augen leuchteten,
als sei sie immer noch
Kleines Mädchen.
Dr. Toningworm fragte:
    »Bist du die alte Indianerfrau,
    die die Flöte hat?«
    »Ja, warum?« fragte sie,

»Du bist doch nicht gekommen,
um sie mir wegzunehmen?«
»Nein … nein …«, sagte er,
»das haben wir hinter uns, alles wegzunehmen.
Wir wollten dich um einen Gefallen bitten,
alte Indianerfrau. Wir haben gehört,
daß deine Flöte, wenn du sie spielst,
dem Fluß den Geist zurückgeben kann,
den Bäumen und dem Land.«
»Das habe ich nicht gedacht,
daß noch einmal jemand die Flöte
hören möchte«, sagte Uralte Flötenfrau.
»Wirst du sie spielen?« fragte Dr. Toningworm.
»Diese Flöte ist nicht, um darauf zu spielen«,
sagte sie.
  »Es ist eine Gebetsflöte. Altim Elut gab mir
diese Flöte vor langer, langer Zeit.
Er sagte, es würde immer gelingen.
Aber, wißt ihr, heutzutage
können die Menschen die alten Stimmen,
die Echos der Vergangenheit,
nicht mehr hören.
Heutzutage sind die Leute
so sehr beschäftigt.
Und außerdem kann man
bei diesem Lärm kaum etwas hören.«
  »Willst du sie für uns beten?«
fragte Dr. Toningworm.
  »Nun, ich weiß nicht«,
sagte sie.

»Alte Flötenfrau, bitte komm! Beeile dich!«
sagte Dr. Toningworm.
»Wir brauchen dich sehr.«
Sie drängten die alte Frau hinauszukommen.
Sie kam mit ihnen den Berg hinauf.
Sie griffen ihr unter die Arme,
und sie hatte die Flöte in der Hand.
Als sie oben anlangten, sagten sie:
»Bete, bete auf der Flöte.«
»Also gut«, sagte sie.
Sie hob die Flöte in die raucherfüllte Luft
und schaute über die vergiftete Erde.
Sie sagte:
»Nun wohl, dies ist das Lied,
das von eurer Mutter Erde kommt.
Es ist das älteste Lied der ganzen Welt.«
Als sie betete, lauschten sie dem Lied,
und sie dachten alle:
»Das ist ein wunderschönes Lied.
Aber es klingt jetzt so … so traurig.«
Die alte Indianerfrau betete das Lied,
und als sie geendet hatte,
wartete und wartete sie.
Dr. Toningworm sagte:
»Spiel es noch einmal.
Vielleicht haben sie dich nicht gehört.«
»Ja, ich spiele es noch einmal«, sagte sie.
Sie spielte es noch einmal.
Sie betete das ganze Lied,
aber nichts geschah.

»Laßt es mich nochmals spielen«, sagte sie.
Sie stieg auf die höchste Spitze des Berges.
Sie richtete das Lied gen Osten,
wo die Sonne aufgeht.
Sie betete es wieder.
Sie richtete es gen Westen,
wo die Sonne untergeht.
Sie betete es wieder.
Doch nichts geschah.

»Also«, sagte Dr. Toningworm,
»dann müssen wir diese Frau
ins Fernsehen bringen,
damit es jeder hört.
Vielleicht werden es dann
auch die Erdgeister hören und zurückkehren,
um uns zu helfen.«
    »Oh ja, sie werden es hören«,
sagte Uralte Flötenfrau,
    »da bin ich ganz sicher.«
So hob sie
ihre uralte Flöte
und betete sie im Fernsehen.
Es wurde in die ganze Welt übertragen,
aber es geschah wieder nichts.
    »Viele Orte erreichen wir noch nicht«,
sagte Dr. Toningworm.
    »Ich sage euch, was wir tun müssen.
    Wir müssen sie in die Luft bringen,
    hoch in den Himmel!«

Die großen Nationen der Welt
schlossen sich zusammen und bauten
eine große Rakete, die ungefähr die Form
einer Flöte hatte. Sie brachten eine Kapsel an,
in die die alte Frau hinein sollte.
Sie gaben ihr ein Mikrophon und erklärten ihr,
wie es zu handhaben sei.
An der Spitze brachten sie zwei riesige
Lautsprecher an, und sie schossen die Rakete
hoch über die Erde und um den Mond herum.
Sie betete das Lied im Weltall.
Vom Mond aus sah sie die wundervolle Erdkugel –
blau und friedlich
bewegte sie sich durch den Raum.
»Meine Mutter«, seufzte sie,
»meine Mutter.«
Sie sah nicht einen einzigen Pockwatchie
und nicht einen einzigen Tlaloque.

Sie landete im Pazifik,
und die Jungs von der Marine
fischten sie auf.
Sie berichteten ihr:
    »Wir haben nichts von ihnen vernommen.«
    »Ja, das habe ich gesehen«, sagte sie.
    »Wie es aussieht, stirbt auch der Ozean.«
Man brachte sie nach San Francisco zurück.
Als sie unter der »Golden Gate Bridge« hindurchfuhr,
konnte sie die Brücke über sich kaum erkennen.
Man setzte sie in einen Überlandbus
und schickte sie zum Indianerberg zurück.
Sie reiste quer durch das ganze Land
und durch die Städte,
und sie begegnete vielen Menschen.
Die schienen sehr verwirrt zu sein.
Sie sahen, was vor sich ging,
aber sie wußten nicht, was sie davon halten sollten.
Die Leute sprachen mit ihr.
Sie sagten:
    »Uralte Flötenfrau,«
(so nannte man sie jetzt).
    »Uralte Flötenfrau, kannst du nicht
    die Geister wieder zurückholen?«

»Nun, ich habe auf meiner Flöte gebetet«,
sagte sie.
»Ich flog hoch durch den Weltraum.
Man schickte mich bis hinter den Mond,
damit ich sehe, ob die Erdgeister
dort draußen sind, aber da waren sie nicht.
Die Flüsse sterben weiter,
und die Bäume fallen.«
Die Leute seufzten
und stimmten ihr zu:
»Ja, das wissen wir.«
Ein kleiner Junge fragte sie:
»Flötenfrau, als du da draußen
beim Mond warst, konntest du da
die Sterne sehen?«
»Ja, mein Sohn«, sagte sie,
»ich konnte die Sterne sehen.«
Eine Träne schwoll in den Augen
des kleinen Jungen als er sagte:

»Es ist gut zu wissen,
daß die Sterne noch da sind.
Leuchten sie wirklich?«
»Ja«, sagte sie,
»früher leuchteten sie für alle Menschen,
für alle Menschen auf der Welt,
aber das ist lange, lange her.«
»Meinst du, daß ich die Sterne
jemals sehen werde?«
Uralte Flötenfrau schaute auf ihre Flöte,
dann auf den kleinen Jungen.
Ihr fiel Altim Elut wieder ein,
der strahlende Pockwatchie.
Sie fragte sich, was denn bloß
mit den Hütern der Mutter Erde geschehen sei.
Sie fragte sich, wo sie abgeblieben waren.
Dann schaute sie
in die Augen des Kindes
»Vielleicht«, sagte sie,
»vielleicht ist es noch nicht zu spät.«
Als sie ostwärts
nach Tawasentha fuhr, überquerte sie
die großen Ströme dieses Landes:
Sie überquerte
den Sacramento,
den Colorado,
den Rio Grande,
den Platte,
den Missouri,
den Mississippi,

den Ohio,
den Monongahela
und
den Allegheny
und kam nach Tawasentha
zu ihrem kleinen Haus am Indianerberg.
Sie zündete eine Kerze an,
setzte sich in ihren alten Stuhl
und legte die Gebetsflöte auf den Tisch.
In ihrem alten Stuhl zurückgelehnt
hing sie ihren Gedanken nach,
und ihr fielen wieder die Worte ein,
die Altim Elut an jenem wundervollen Tag
unten in der Höhle gesprochen hatte.
    »Blumen und Bäume«, hatte er gesagt,
    »können nicht sprechen, aber sie

79

haben Herzen und Seelen
genau wie du
und genau wie ich.
Sie können deine Liebe fühlen
und die Botschaft deines Herzens hören.
Niemals, niemals sollst du
deine Mutter Erde vergessen.
Sie ist ein sehr,
sehr wichtiger Teil
in der großen Schöpfung
des Großen Geistes.«
»Ich habe versagt«, sprach sie.
»Wenn ich meine Flöte gebetet hätte,
egal, was die Leute sagten;
wenn ich jedem in der ganzen weiten Welt
vom Kleinen Volk, von den Erdgeistern
erzählt hätte,
dann wäre das alles nicht geschehen.
Ich schäme mich.
Ich habe alles falsch gemacht.«
Darauf sagte sie laut:
»Ich bin alt und müde,
und es hat keinen Sinn,
es noch weiter zu versuchen.«
Sie dachte:
»Ich glaube, ich werde sterben;
ja, ich glaube es ist Zeit zu sterben.«
Je länger sie darüber nachdachte,
desto besser schien es ihr.
Also starb sie.

Ja richtig, sie sank in ihren alten
Stuhl zurück und starb.
Gerade als sie ihren Körper
verlassen wollte,
hörte sie eine sehr ärgerliche Stimme:
   »**Komm zurück in deinen Körper.**
   Du kannst noch nicht sterben,
   dazu ist die Zeit noch nicht reif!
   Komm zurück in deinen alten Körper
   und bleib da!«
Es war Quill; der stand, nur ein kleines Stück
neben ihrer Flöte, auf dem Tisch.
   »Quill«, sagte sie, »du bist zurückgekommen.«
   »Zurückgekommen? Zurückgekommen?!
   Ich bin nie fort gewesen.
   Ich habe die ganze Sache
   beobachtet. Es läuft sehr gut.
   Aber jetzt müssen wir uns beeilen.
   Wir haben nicht mehr viel Zeit.

Es ist Zeit für Erdgeistertaten,
also los!«
»Aber Quill«, sagte sie,
»ich bin zu alt.
Und, Quill, ich bin müde.«
»Noch ist niemand alt genug«,
sagte Quill,
»und du hast noch gar nicht angefangen
zu arbeiten. Also erzähle mir nicht,
daß du müde bist.«
»Aber Quill …«, begann die alte Frau.
»Nichts aber«, sprach Quill.
»Nimm mich auf, alte Indianerfrau,
schnell, laß mich auf deine Hand.«
Sie stand auf, so schnell sie konnte.
»Jetzt müssen wir uns beeilen«, sagte er,
»denn ich bin in *großer Eile.*
Nimm mich auf deine Hand.«
Als sie die Hand hinunterreichte,
sprang er darauf und sagte:
»Nimm deine Flöte. – Jetzt geh hinaus.
Beeile dich, ich habe nicht viel Zeit.«
»Ich gehe ja so schnell wie ich kann«,
sagte sie,
»aber es geht nicht mehr so schnell wie früher.«
»Siehst du das da?« fragte er.
»Dort unten bei der Brücke?«
»Ja.«
»Gut, geh dort hin
und über die Brücke, na los.«

Sie ging so schnell sie konnte,
aber sie war alt.
Sie ging über die Brücke,
und Quill sagte:
    »Jetzt sieh dort!
    Siehst du? – Das ist die Müllhalde.«
    »Warte, Quill«, sagte sie plötzlich.
    »Dies habe ich vor Jahren,
    an dem Tag, als ich dich zum ersten Mal traf,
    unten in der Höhle gesehen.

Dies habe ich in dem schlimmen Spalt
in der Wand gesehen!«
»Ja, das weiß ich,
aber wir müssen uns beeilen.
Wir haben keine Zeit.
Eile dich, eile dich.«
Die alte Frau lief so schnell sie konnte.
Sie fand den höchsten Müllberg
und begann, ihn zu besteigen.
Sie stieg stolpernd mitten durch den Müll
den Berg hinauf.
Da waren zerbrochene Flaschen, alte Konservendosen,
Kühlschränke, ausgediente Fernseher,
ausrangierte Plastiklastwagen und Puppen.

Plötzlich bemerkte sie etwas,
das ragte aus einem Haufen Müll heraus.
Es war ein Buch, das jemand weggeworfen hatte.
Die alte Frau verschnaufte
und zog das Buch aus dem Haufen hervor.
Sie wischte es ab
und blätterte es durch.
Dann sagte sie:
>> Quill, wußtest du
von diesem Buch?«
Der kleine Mann aber wollte nur
den Berg hinauf. Er sagte:
>> Behalte es, tue es in deine Tasche.
Du kannst es später lesen.
Geh jetzt weiter hinauf,
wir müssen uns beeilen.«
Als sie den Gipfel erreichten,
sagte Quill:
>> Gut, hier
werden wir anfangen.«
>> Was werden wir tun?
Ich habe meine Flöte überall geblasen.
Ich habe gebetet, mein ganzes Leben lang
habe ich auf der Flöte gebetet.«
>> Das hat niemand bestritten«, sagte Quill.
>> Du machst es wirklich gut.
Jetzt aber, jetzt wird es schwer werden
für dich. Deshalb wurdest du
für diesen Tag auserkoren.«
>> Aber ich bin alt und müde«, sagte sie.

»Niemand ist alt genug«, sagte er,
»und du weißt noch gar nicht
was Müdigkeit ist.«
»Was soll ich tun, Quill?«
»Kleines Mädchen, Uralte Flötenfrau«,
sprach er,
»du sollst auf deiner Flöte beten. –
Du kannst es nicht in einer Rakete
und auch nicht im Fernsehen tun.
Du mußt zu den
Kindern
gehen.
Du gehst geradewegs
in den Klassenraum mit deiner Flöte.
Du brauchst niemanden zu fragen,
ob du es darfst.
Du gehst einfach hinein.
Sie werden wissen, wer du bist.
Hörst du mich?«
»Ja, Quill, ich höre dich, aber …«
»Sorge dich nicht um Nahrung;
du wirst zu essen haben
und einen Platz zum Schlafen, –
immer. Also mache dir keine Sorgen.«
»Jawohl, Quill«, sagte sie.
»Jetzt tust du folgendes:« sagte Quill,
»Du gehst in die Klasse. Gehe hinein.
Sprich zu niemandem ein Wort. –
Du hebst nur die Flöte
und betest auf ihr, das ganze Lied.

Dann werden sich die Herzen der Kinder
öffnen, und wenn ihre Herzen offen sind,
werden wir hineinspringen.«
»Ihr werden hineinspringen?!« fragte sie.
»Hopp, werden wir hineinspringen,
wir alle. Alle Erdhüter stehen uns bei.
Es gibt Millionen von uns,
vielleicht Milliarden, die nur darauf warten,
daß du kommst und auf der Flöte betest
und die Herzen öffnest,
damit wir hineinspringen können.
Dann wird jedes Kind auf der Welt
einen Erdgeist in seinem Herzen haben.
Merkst du, was dann geschieht?«
»Dann werden *sie*, die Kinder,
die Menschen von morgen,
die ›Hüter der Erde‹ sein!« sagte sie.
»Das stimmt«, lächelte Quill,
»Deshalb fangen wir auf den Müllhalden
und an solchen schlimmen Orten an zu spielen.
Und deshalb müssen wir uns beeilen.
Wir müssen die Menschen erreichen,
die sich nicht um die Erde kümmern.
Wir müssen die Kinder der Menschen
erreichen, die die Welt verändern können.
Du wirst in Mokassins
quer durch dieses Land wandern.
Du wirst der ganzen weiten Welt erzählen:
›Die Erde hat einen Geist.‹
Du wirst die Herzen aller Kinder öffnen,

und du wirst es mit dem alten Lied tun –
mit dem Lied der Mutter Erde
und der Flöte.
Das ist deine Arbeit,
für die du auserkoren bist.
Jetzt kannst du es tun,
denn die Menschen –
schwarze und braune, gelbe
und weiße und der rote Mann auch –
haben jetzt die Welt
und die Schönheit verloren;
und erst wenn sie sie verloren haben,
werden sie erkennen,
daß sie ihr gegenüber
Verantwortung tragen.
Verstehst du,
Uralte Flötenfrau?«
fragte Quill.
»Ja«, sagte sie, und dann:
»Quill, bevor du gehst …«
Da sprach er:
»Ich muß mich beeilen,
ich habe noch eine Menge Dinge
zu erledigen.«
»Ich weiß, Quill, aber eine Frage
möchte ich dir noch stellen:
Werde ich dich wiedersehen?«
Quill schaute sie an und sprach:
»Du wirst mich wiedersehen,
Kleines Mädchen,

Uralte Flötenfrau.
Du und ich, wir werden eines Tages
gemeinsam in die Höhle zurückkehren. –
Altim Elut wartet.
Jetzt siehe, sieh dort drüben,
siehst du, da kommen drei Kinder.
Das sind die ersten.
Fange an zu beten, Uralte Flötenfrau.
Fange an zu beten.«
Und
Quill war fort.

Uralte Flötenfrau hob ihre Flöte
und begann zu beten.
Die Kinder kamen den Weg daher.
Dann …
hörte sie einen Vogel ganz laut singen.

Sie öffnete ihre Augen, und da war sie wieder
bei ihrem alten Freund, dem Baum;
zurück im schönen Tal ihrer Kindheit.
Sie sprang auf und schaute sich um.
　»Ich bin noch Kleines Mädchen,
　es war alles nur ein Traum.«
Aber dort auf dem Boden,
wo sie eingeschlafen war,
lag eine reine, weiße Flöte.
Kleines Mädchen hob die Flöte an ihre Lippen,
und die Musik erhob sich wie ein Zauber.

»Kleines Mädchen Uralte Flötenfrau«
wandert über die Erde
und öffnet die Herzen der Menschen.
Wenn du draußen bist,
allein an einem Berghang
oder an einem Lagerfeuer sitzt,
oder du bist an der See
oder an einem Fluß;
wenn du einen schönen, grünen Berg betrachtest,
oder mit jemandem, den du liebst,
unter einem großen Baum stehst,
und da hörst du plötzlich einen Klang …
…weit fort …
die Flöte …
Dann denke an deine Mutter Erde
und erinnere dich:
Sie hat einen Geist,
genau wie du
und genau wie ich.
So öffne dein Herz;
vergiß nicht –
die Mutter Erde hat einen Geist.

Quanab

Quanab klopfte die Asche aus seiner Pfeife und schlürfte den Rest seines kalten Kaffees.

Der Mond war aufgegengen und warf sein Licht durch die Blätter der Espen, die merkwürdige Schatten auf den Waldboden bei der Zauberquelle warfen.

Er schürte das Lagerfeuer, legte einen Arm voll Espenholz darauf und bereitete noch einen Topf Kaffee. Wir saßen eine lange Zeit und schauten in das Feuer, sahen es brennen und dann verglimmen.

»Großvater?« sagte ich.

»Du hast eine Frage, Kleiner Junge?« fragte er lächelnd,

93

»Zwei Fragen, Großvater. Zuerst erinnere dich an Uralte Flötenfrau und Quill, wie sie den Abfallberg auf der Müllhalde hinaufstiegen.«

»Ja«, sagte er, »du möchtest etwas über das Buch wissen, das sie fand, nicht wahr?«

»Ja«, antwortete ich, »woher wußtest du das?«

»Oh, ich habe erwartet, daß du wissen möchtest, was es mit dem Buch auf sich hat,« sagte er.

»War es wichtig?« fragte ich. »Und was war das für ein Buch?«

»Es war sehr wichtig, deshalb fand sie es und deshalb sagte ihr Quill, daß sie es behalten solle«, sagte er.

»Und wovon handelt es, Großvater?«

»Nun«, sagte er, »es war sehr wichtig und jetzt ist es sehr spät; Zeit ins Bett zu gehen. Was war deine andere Frage?«

»Ja …«, sagte ich. »Hast du jemals einen Pockwatchie oder einen Tlaloque gesehen?«

»Ich sehe sie jeden Tag«, antwortete er. »Deshalb lebe ich hier am Geisterberg unter den Espen und Kiefern. Deshalb trinke ich Quellwasser und esse wilde Früchte. Und, was meinst du, wer mir die Geschichte von der Gebetsflöte erzählt hat?«

»Pockwatchies?«

Er lächelte und hieß mich ins Bett gehen.

Bevor ich einschlief, fragte ich noch einmal nach dem Buch:

»Wovon handelte das Buch, Großvater?«

»Das Buch«, sagte er, »das sehr wichtige Buch, das sie auf der Müllhalde fand, war ein Buch über die ›Zeit‹.

Und das, kleiner Junge, ist eine andere Geschichte.«

Gute Nacht!

Einerseits von Lakota und andererseits von deutschen Vorfahren abstammend, war Tony Shearer ein Mythologe und Geschichtenerzähler, dessen Arbeit als Schauspieler, Universitätsdozent und Erforscher der alten Überlieferungen am besten als »dichtender Märchenerzähler« in seiner alten Bedeutung beschrieben werden kann.

Mythen sind weltbewegende Wirklichkeiten, die Völkern und Kulturen ihre Richtung geben. Wenn wir von Geld und Macht träumen, werden wir einen anderen Weg gehen, als wenn wir von Glück und Liebe träumen. Wenn wir nicht mehr dem Mythos Fortschritt nachjagen, sondern einem neuen, doch uralten Mythos, jenem von der »großen Harmonie«, können wir ihn verwirklichen. In diesem Sinne versuchte Tony Shearer, Mythen und Träume von einer besseren Welt in die Herzen der Menschen zu säen und sie zu nähren.

Tony Shearer starb im Mai 2002 im Alter von 75 Jahren.